I0187793

Anime DiVersi

"L'eterno conflitto tra fede e umanità"

di

Claudio Oroni

Anime DiVersi
"L'eterno conflitto tra fede e umanità"
di Claudio Oroni

prima edizione: marzo 2025

Illustrazioni e copertina disegnate dalla dott.ssa Lorena Munini

©ROBERTO CALVO PRODUCTIONS LTD (RCP)
ROBERTO CALVO PRODUCTIONS LTD
71-75, Shelton Street, Covent Garden, London
WC2H 9JQ, UNITED KINGDOM
info@robertocalvoproductions.com
www.robertocalvoproductions.com

Tutti i diritti sono riservati, compresi la traduzione, l'adattamento totale o parziale, la riproduzione, la comunicazione al pubblico e la messa a disposizione con qualsiasi mezzo e/o su qualunque supporto (ivi compresi i microfilm, i film, le fotocopie, i supporti elettronici o digitali), nonché la memorizzazione elettronica e qualsiasi sistema di immagazzinamento e recupero di informazioni. Ogni violazione di legge sarà perseguita a termini di legge.

A mia moglie Mary

A mio padre Adriano

A mia madre Gabriella

Ai miei nonni Mario, Maria, Agostino, Irene

Ai miei suoceri Lorenzo e Rosa

A sei guide speciali: P. Ennio Cavazzini, P. Raffaele De Lorenzo.

P. Beniamino Rossi, P. Mario Vabai, P. Arcangelo Maira, Don Andrea Gallo.

A tutte le persone a me vicine e a tutti quei "Fratelli e Sorelle" che ho incontrato lungo il cammino.

5

PREFAZIONE

Vent'anni fa, in una giornata che per me non era affatto come le altre, entrai in Accademia. Lì, nella mia classe, c'era un ragazzo molto alto, dinoccolato, dallo sguardo buono, l'animo gentile e un gran sorriso: Claudio.

Nemmeno poche ore, e aveva già fatto grande amicizia con un altro ragazzo, alto come lui e con i suoi stessi occhi, profondi e buoni.

Quando li vedevo camminare insieme per i corridoi, mentre spandevano la loro aura, carica di entusiasmo ma allo stesso tempo di protezione, avevo chiara un'immagine.

Sembravano due cavalieri giunti direttamente dall'antico Medioevo, catapultati in un mondo troppo lontano per loro.

Fu così che non mi stupii quando, molti anni dopo, Claudio mi disse di aver scritto un libro di poesie. Non c'erano ancora tutte, ma era proprio questo!

Quando lo lessi, ne rimasi incantata.

Non semplici versi ma spesso brevissime storie, veri e propri specchi d'ingresso a mondi paralleli.

Poesie di una profondità rara e necessaria, che emoziona e spinge a riflettere attraverso un linguaggio limpido e accessibile a tutti.

Claudio parla di Amore: non solo in senso lato, ma anche per il Creato, il genere umano, l'ambiente. Ha inoltre il grande dono di cogliere quel qualcosa che si nasconde dietro agli sguardi degli uomini, piccoli anfratti di grandi anime di luce.

Risalta con forza il contrasto tra il mondo esteriore, frenetico e spesso distratto, e quello interiore, contemplativo, in cui il tempo che scorre veloce può essere sospeso nell'atto della contemplazione.

Le sue poesie sono profondi percorsi di riflessione, in cui l'anima del lettore viene sfiorata con gentilezza, ma intensamente. Cuori a volte spezzati in cerca di una rinascita, dettagli, emozioni, energie, spiritualità, vita!

E allora, Claudio, questo è il mio desiderio per te: che tu possa spandere ovunque il tuo cuore. È così prezioso da essere imprescindibile.

Eleanor Lian

In viaggio tra di noi

Lungo gli anni e il vortice del tempo
Camminai, osservando e studiando: cose e tutto il resto.
Mi ritrovai sempre ignorante…
Mi turbavo di quanto vasto è questo mondo
Di quanto c'è da imparare…
A starci appresso no, io non posso!
Mi domandavo: "Tutto questo è troppo?".

Poi mi voltai e vidi gente che correva, si affaticava.
Sembrava che per loro tutto quanto scorresse in fretta.
Come il fiume in piena, i loro sguardi trascinavano via:
Ogni attimo di vita.
Niente e nessuno li poteva distogliere dall'andar dritti.

Lì capii di essere diverso, di volermi fermare…
Io non potevo lasciare che tutto scorresse:
Nel vuoto del mio andare.

Mi fermai, e improvvisamente vidi nuove persone…
Eppure prima non le vedevo!
Perché?... Chi sono costoro?
Sono tanti, tantissimi, eppure io non li vedevo.
Siamo uguali, simili, ma non li vedevo.

Costoro non corrono, vanno avanti con passi diversi.
C'è chi va piano, chi ha un passo deciso, chi è quasi fermo.
In comune hanno lo sguardo:
È semplice, dolce, pronto a osservare.

Mi avvicinai e scoprii che il mondo che vedevo prima
Era quello della falsità, della gelosia, del riuscire a tutti i costi
Di chi vede solo avanti e non osserva.

Capii finalmente la meraviglia di essere
E che l'apprendere ogni giorno
Non è per me fonte di angoscia, ma di saggezza.

Capii che chi si ferma con la mente e con il cuore
È colui che va più veloce…
Ma resta indietro nell'assaporar la vita.

Ascoltando

Una semplice ninnananna
Un violino d'oro marchiato da fuoco
Note provenienti dall'est
Suoni, legno, semi e bacche di caffè.

La spina dorsale di una primordiale civiltà
Il soffio tenue delle pianure
Solcate dalle ondulanti traiettorie:
Di fiumi, ruscelli, acquitrini.

L'affannoso respiro del sole estivo
Rinfrescato da braccia ramificate
Da nuvoloni fumettistici
Sui cui scrivere i pensieri.

Dono

Nel silenzio delle parole
Tra fiumi in piena e voci del bosco
Apro i sensi a te e provo ad ascoltare
Per un istante osservando il sole.

A quella visione di luce gli occhi non resistono.
Ora li chiudo, uso la mente
Immagino quel giorno, quando finalmente:
Comprenderò, vedrò, apprezzerò il dono.

Aperte avrò le palpebre
Verso una luce di mille stelle.

Finalmente potrò fissare quel bianco abbraccio d'amore.
Finalmente il calore lo potrò toccare
E il dono di Te sarà per me SOLE.

Mentre il tempo

Il tempo passa!
Come l'uva dentro la tinozza
Si spremono i giorni
Si rinnovano gli inverni:
Fiocco dopo fiocco
Nel letargo della memoria
Nella luce di uno specchio.

Che tu sia…

Vorrei poter mettere in rima tutte le parole
Che girano intorno nella mia mente
Ma oggi son qui tra tanta gente
E non posso ascoltare, non posso aspettare.

Che tu sia la mia musa
Che tu sia un cenno di sorriso
Quante volte, quante volte: "il Paradiso".

Che tu sia la mia ira
Che tu sia un bacio e un addio
Quante volte, quante volte: "Dio".

Vorrei poter cercare nella tua mente
Le mille note e comporci una canzone
Ma sono solo in questo freddo letto
E ripenso a quanto quella notte si era detto.

Che tu sia un anno intero
Che tu sia cielo terso
Quante volte, quante volte: "l'Universo".

Che tu sia la malinconia
Che tu sia una valigia aperta
Quante volte, quante volte: "la Scoperta".

Potrei finalmente un grido innalzare
Sui pennoni lignei di una galea:
Or casa di flutti, storia per chi resta
Dove si odono ancora i fasti e le gesta.

Che tu sia la stesura
Che tu sia un giornale famiglio
Quante volte, quante volte: "il Servigio".

Che tu sia la letteratura
Che tu sia una favola menzognera
Quante volte, quante volte: "il Giorno e la Sera".

Questa poesia è stata scritta in un momento di riflessione con il fratello Davide Cormaci.

Cielo di maggio

Sei simile a una donna distesa nel mio letto
Vestita di celeste con le scarpe nere.

A volte sembri triste
O sei sovrappensiero
Comunque inaspettato
Sei il mese del mistero.

Cielo di maggio, cielo sereno
Che porti via il freddo e accendi il desiderio.
Comunque io ti guardi:
Nelle soffici nuvole di zucchero velate
O tra rami in festa di alberi fruttati…
Il mio ricordo del passato
Gelida l'aria di rintizzite mani
Dà calore e sollievo.

Tu: cielo variopinto, cielo di maggio
Dagli occhi lacrimanti
Di goccioloni pieni
Fiumi in piena vita e prati popolati.

Tu, che non ti volti indietro
Guardi tua sorella terra che si specchia:
Camaleontica visione del tuo mutare in fretta.

Testimone d'indiscusso valore
Di fiori, frutti e nuovi nascituri
Sei padre e madre, seme e grembo
Sei morte o vita, preda o predatore.

Come te! Fino a te!

Voglio volare intorno al tuo candido cuore
Scoprire da dove viene tanto amore.
Come un angioletto entrare
Lì dove non si annida calcare.

Poi posandomi sul tuo mantello celeste
Come i tuoi occhi vedono amore
Imparerò a catturare il dolore.
E come te, lo spalmerò sulla mia veste.

Ora conoscerò anch'io le disperazioni del mondo!
Saranno pane e vino nel mio corpo.
E quando: esile, suderò!
Non sarà dolore!
Ma a uscire sarà amore.

Giù ritornerò, lì dove c'è chi non sa!
Con una mano sfiorerò la nube nera
Quella che non dà sensazioni o emozioni in questa era.
Io la inspirerò!
E rigettandola sarà la vita:
Nuova, non sarà solo sera.

Fratello mio, tu che ora sai
Dammi i sensi tuoi
Perché io, piccolo soffio d'amore
Sappia anche a te catturare il cuore.

Alla tua bellezza

"Una rosa sboccia in primavera
E mostra la sua beltà
Per una stagione intera.

Tu invece un giorno sei fiorita
E da quel dì
Non sei più appassita".

Cambio... dal passato

Cambio il senso della vita
All'inizio di questo viaggio.

Con le spalle al muro
E nel petto una speranza
Escono dalla scena le banalità:
Di una storia mai iniziata
Entrata dalla porta di servizio.

S'intravede ormai la luce!

E tornano... le memorie di un passato
Che nel buio si era rifugiato.

E tornano... le parole mozzate
Nella saliva annegate.

E tornano...
A vedere questi occhi:
Liberati dalla nebbia...
Con un po' di coscienza.

Tu... Una voce!

A te, voce soave
Nella cui bocca si plasmano note
E si vestono a festa le parole.

A te io vorrei scriver una canzone
Che porti il nome tuo:
Candido e immacolato.

Tu, una voce, un canto, una melodia.
Tu, immacolata neve, ebbrezza musiva
Canta per noi, salvaci dalla deriva.

Alla sorella Immacolata Saracino

Dono d'Amore

Un verso all'amata
Che ha in bocca il candore.
Un verso alla donna
Che ha rapito il mio cuore.

Con queste mie mani
E una penna fra le dita
Dono a te: Amore
La mia Anima… La Vita.

Con le mani sante

Al cielo che ci guarda
Con i tanti occhi.
Al fratello Caino e al figliol prodigo:
Serpente e pecorella smarrita.
All'acqua della vita:
Linfa, nutrimento, procreatrice.

Con le mani sante di un bambino
Pure come un filo d'oro, tenere da baciare
Ho toccato pietre levigate dal tempo
Intrise di lacrime e sudore
Testimoni del passato e del presente
Del futuro che verrà, dell'inizio e della fine.

Con le mani sante di un Padre
Uscite da una veste secolare
Di bianco candore
Ho visto benedire uomini
Santi, ladri e assassini.
Le ho viste, con questi occhi
Far sorridere, insegnare.
Le ho viste donarsi, sventolare in aria
Fare semplici gesti
E se il braccio era affaticato dalla sofferenza
Le ho viste spalancarsi alla vita
Oltre l'orizzonte celeste.

Le ho viste

E le vedo anche ora che sono padre:

Guardo i miei figli, li accarezzo

E non trattengo il polso…

Che morbidamente fa scivolar le dita.

Ritmo e calore

La pioggia
La pioggia che batte
Che batte.
Ritmo, ritmo
Il cielo che piange
Che piange.

Piange di gioia
Il sole nasconde.

Quand'ecco che appare
Tutto si cheta.
Di luce è il suo braccio
Ti avvolge
Ti scalda.

Coraggio

Sentiero che amor produce appare
Quella scelta che tu vorresti fare.
Di noi non ti devi preoccupare!

Prendi la strada, va a bere:
Quell'acqua benedetta di ruscello
Non ha colore né sapore
Ma l'anima sa nutrir d'amore.

Potrai ora donarla a un ragazzo
Che non ha pudore, non sa parlare
Non conosce neppure come si fa per amare:
Un mondo che fin da piccino
Nulla gli ha regalato
Neppure un piccolo panino per arrestar la fame…
Che dà la miseria
Uccide più delle lame di un grosso pugnale
E sconosciuta… non sfiora chi non l'ha mai vissuta.

Oh coraggio dei guerrieri!
Vissuti in tempi lontani, a noi ormai stranieri!

Vieni in aiuto di una sorella
Dà a lei la fermezza di una sentinella!

Tu coraggio da leone
Che intervieni su ogni decisione
Esci allo scoperto
Fa che il suo sogno sia perfetto.

Va ora donna, va e non girare:
Quello sguardo fisso e deciso verso il sole.
Tendi la mano, non restare a guardare!

Di te han bisogno tanti piccoli occhi e mani sole.

Non voltarti, segui quel sentimento.
Coraggio donna: tu sarai mamma e loro frumento.

Donato

Nella nebbia, tra le mura
Si confonde il mio destino
Sono nato solo al mondo
Partorito in cella in un lettino.

I dolori delle doglie
Eran voci tra le urla:
Di poveri sbandati
La cui vita si fa burla.

Dio mi fece testimone
Di un amore assoluto
E quando al mio primo lamento
Se ne udì uno finale
Una donna come tante
Rendeva al mondo uno normale.

Il mio nome fu Donato
Alla vita e per amore
Senza padre da chiamare
E la speranza da donare:
A chi vita ha rinnegato
Tra lamenti e sofferenze
Perché la fame rende ciechi
E la galera trasparenti.

Parole e amicizia

Trascorso è ormai il tempo di quando ci incontrammo
Io nuovo del posto e tu sconosciuta persona in un anno.

Cinque o sei ore passaron veloci quel giorno
Eppure ricordo che tanto parlammo.

Il destino pensavo ci volle sempre insieme:
Gruppetti, giochi, cenoni e noi lì, vicini lontani.

Poi le parole, frasi e discorsi strani.

Il vuoto si empie, il distacco scompare
Mi sembra di essere amici da sempre.

Parole e amicizia tra noi non son più lontane.

Claudio e Daniela per tutti rimaniamo
Per noi due fratelli siamo.

Alla sorella Daniela Cardoselli

Cosa sarà...

Cerco nell'universo un po' di poesia
Sono un povero venditore di fumo:
"Di me che sarà?".
Cerco anche la vita come un cane da tartufo
Sono un uomo solo che si prostra:
"Di me che sarà?".

Fammi il piacere di scacciare tutti i demoni:
Li sento, mi cercano!

Sono un pescatore di anime perdute:
"Di me che sarà?".
Fammi assaporare il piacere del cullare
Sono un bambino senza le risposte:
"Di me che sarà?".

Rotolo un sasso pieno di sogni
Sono un ladro che ruba le illusioni:
"Di me che sarà?".
Rotolo una sfera con i soli piedi
Sono un vecchio clown su questa triste terra:
"Di voi cosa sarà?".

Sputo il fuoco e sono nero
Sono il camino del mondo, inquino il cielo:
"Di voi cosa sarà?".

Sputo veleno ma son diverso dall'uomo

Sono un viscido serpente e uccido solo per natura:

"Di voi che sarà?".

Filtro d'amore

Seduta su una panca di legno è l'anima mia.
Lo sguardo distratto vaga con i tanti pensieri.
Quante preoccupazioni! Quanti desideri!

Parole confuse e versi da scimmia
Bisbigliano nell'aria circostante.

Un libro cade e rintrono si ode.
Si apre l'occhio perso.
Cade lì, lì su un versetto: per nulla attinente.
Non ha motivo di esser pervenuto!

Parla di donna: di una di quelle
Lasciata abbandonata da chi non ha mietuto
E il proprio io lo lascia in celle.

La giudica e non vuol essere giudicato
Da chi amore non sa donare
A chi si pente di aver sbagliato.

Sciocca è la mente
Persino il cuore.
Lei non ha niente.
Sa dare a modo suo amore.

E il mondo l'ha giudicata.

Lei, con le sue stesse lacrime, si era mondata:

Dal peccato, quello minore

Che il più grande lo commette quel padrone

Che ospite in casa fa entrare

Per avere il piacere di vedersi esaltare

Da chi sciocco e puritano

Tende per primo la mano

A chi, come lui si ritiene

Con il viso e il cuore di iene.

Donna!

Ora lavami i piedi con il tuo dolore

Io mi prostrerò davanti a colui che dà perdono:

Nostro Signore.

Sarò saggio e non più semplice uditore.

Tu! Mio filtro d'amore.

Inferno e Paradiso

Quaggiù dove tutto arde ma non il cuore
Quaggiù c'è chi ha perso la via dell'amore.
Corrono in circolo i dannati
Dalle loro stesse feci son saziati.

C'è chi nuota nel fango chi lo ha appena mangiato.
Chi non ce la fa a viver s'è arrangiato.
Le loro urla vibrano strozzate
Le loro lacrime da sanguisughe asciugate.

Lassù invece c'è chi cammina senza particolare attenzione.
Lassù dove c'è chi ha avuto la promozione.
Né semafori, niente cartelli stradali, né proibizioni
Qui si annullano tutte le ambizioni.

Amore, Amore, Amore!
Questa è la voce che anela qui nel cuore.
Voci si odono, canti soavi
Si prega per i poveri ignavi.

Il dono che è in me

Vieni, prendi ciò che è tuo:
Il sogno di un bambino che in cerca sta
Del dono che ogni uomo
Nel grembo di sua madre inseguirà.

Vieni, prendi la mano:
Tesa verso la speranza, verso la coscienza
Di un uomo che randagio
Suo dono cerca e va.

Quale, il dono che è in me?
Chissà!,,, Qualcuno forse un giorno lo scoprirà.
Come farfalla in cerca del suo fiore vi si poserà.

Dove, il dono che è in me?
In quale luogo germoglierà?
Seme sparso dal vento, fruttifichi nella siccità.

Scendi o spirito creatore!
Scendi, illumina la cecità:
Di un uomo che randagio
Suo dono cerca e va.
Prendigli la mano
Fa del bruco una farfalla che spicchi il volo
Comprenda che quello è il dono.
In ogni angolo di vita… Se ne ricorderà.

39

Figlio dell'emarginazione

Di un secolo corrotto sei figlio emarginato.
Bravi banditori, venditori d'oro e argento
Lungo i borghi della città lacrime e tormento
Pancia piena e insoddisfatta del signorotto agiato.

Un bisbiglio di sottofondo riempie le giornate
E tra un bicchierin e una scopetta son tante le risate.
Una cazzata e una striscia di giornale
Ci si ritrova succubi del Dio Venale.

Di un secolo corrotto sei figlio emarginato
Le vergogne di questo tempo hai denunciato.
Parole ed emozioni a chi è muto dedicato
Voce di protesta e di giustizia di un popolo sgozzato.

Gente umile, viandanti, mascalzoni
Zingari, ladri, puttane, papponi
Sognatori, Re, boss, uomini d'onore
La speranza di salvezza in un umile Signore.

A Fabrizio De André: poeta, musicista, cantastorie, ma soprattutto Uomo.

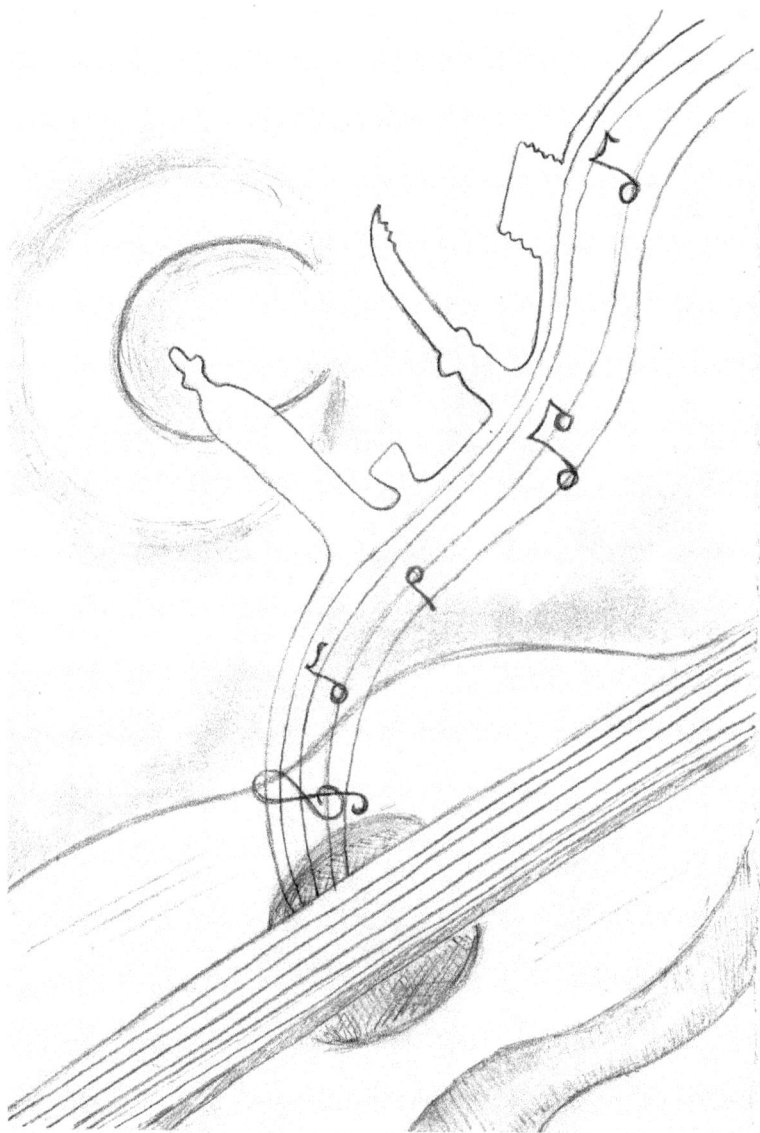

Il "GRANDE" Fra...Te...E...

In una notte fredda e scura
Chi te vado a'ncontrà 'mmezzo a na radura!!!
Uno che der monno nun c'ha paura.

Un pischelletto, tutto biondo e sorridente
C'appresso cciaveva na pipinara de gente.

Chi cantava, chi ce parlava
Chi pure nun se lo cagava...
Ma lui, nun se smontava.

La su missione era precisa, cambià er monno
Er monno'nfame
Quello ca nun s'arespirava dal letame.

Poi vennero li sbiri e la madama
Voleveno arestà na puttana.
Lui presela pe mano le diceva:
"Nun t'ha aproccupà, io ce lo so ch'è la miseria!".

Granne me parea quer pischello
Co quella su faccia limpeda come a nu ruscello.
Ca quanno ce parlavi er core te s'apriva
E dentro nun sentivi più a puzza de prima.

Quant'anni lui cciavesse, io nun saprebbe dillo!

Na cosa però è sicura: ammazzelo se parlava!

Parlava dappertutto: pub, strade, piazze e case altrui

Discoteche, chiese e moschee…

Ve lo giuro: manco fosse brillo!

Tutti l'ascortaveno, pure l'ignoranti:

Giovani vecchi e omini santi.

E pe dilla tutta, chi ascortava mejo: era a razza brutta!

'Nsomma li nemici, i lazzaroni, boni solo come criticoni

Co a voce così squillante e sgraziata

C'ar mercato ce venneno a frutta.

O sa che c'è, mo vo' dico: scrisse pure nu bessellers….

E' 'nber mattone, con tanti nomi, nun solo de persone….

C'è a cronaca rosa, pure quella nera

D'ogni cosa accaduta nomina er momento

E pensà ch'è più vecchio de na casa de legno.

E all'interno se parla de miseria:

Si!... All'epoca già c'era.

Comunque o voi che leggete, stateme a sentì

So proprio sicuro!

Se o volete 'ncontrà, nun ve dannate!

Cercatelo tra i vivi, ricchi o barboni

Dentro de voi, nci piangenti cannoni.

Questa poesia è stata scritta in collaborazione con il fratello Davide Cormaci.

Riflessioni dal passato

"Nell'ora di silenzio
Nella stanza dove sono nato
E cresco il mio avvenire
Salgo i gradini della memoria:
Lunghi e pesanti passi
Vissuti a pieno senza voltarsi.

Nell'ora di silenzio
Mentre salgo
Dalle scarpe tolgo i sassi".

Colpo di fulmine

"Seduto sto, fermo è il tempo
Dinanzi un volto
Nel cuore un lampo
Un tumulto.

Ora un pensiero mi sorvola:
Sei tu creatura per me la sola".

A strada persa

Ho perso ogni speranza!
Dietro l'angolo di una sottana
Sbiadita è la mia strada.

Cerco, vado, poi mi fermo.

Getto via la mia valigia.

Dei ricordi di bambino
Conservo la mia prima lama:
Che mi rese uomo vero
Di un onore assai coatto
Che la gente dice e poi rigetta
Che la strada rende duro
E il tuo sangue sparso su un muro.

Non mi guardo più allo specchio.
Dentro i fanali annebbiati della vita
Vedo solo disprezzo.

Sono solo ormai da tempo
Anche il cuore mi ha lasciato.
Si è sentito fuori casa
E rendendosene conto:
Si è spento.

A strada persa son finito…

L'ho cercata e l'ho voluta:
Per un soldo o per amore.

L'ho sfidata, rinnegata…

Lei mi ha accolto, reso un re
Ma ero solo anche allora.

Cieco, privo la mia vita:
A strada persa è finita.

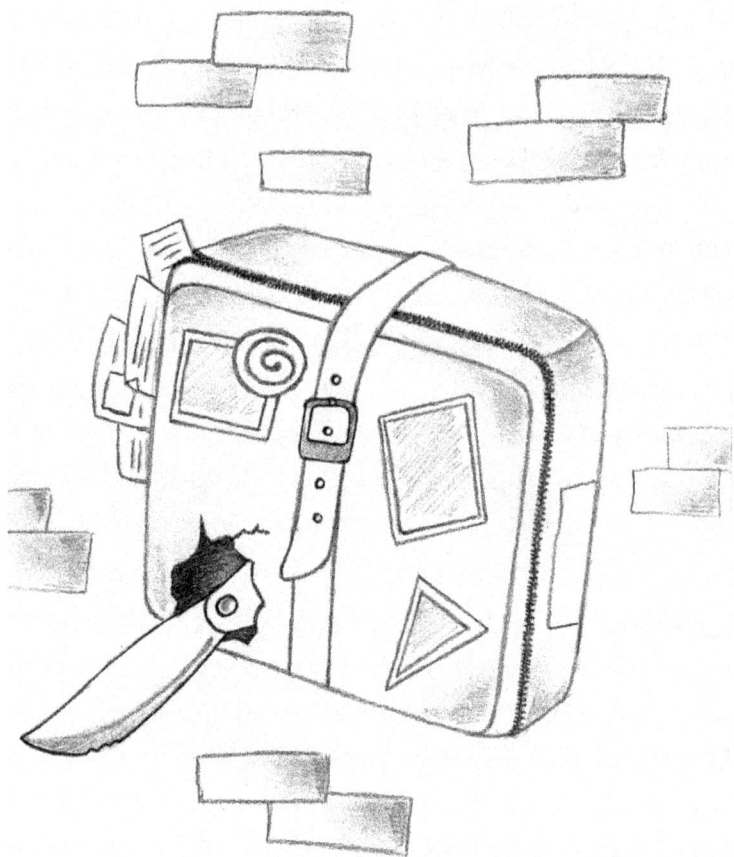

Farfalla

Prendi i tuoi sogni e andiamo via lontano
Uccelli migratori noi saremo.

Voliamo via
Tu! Speranza mia.

Tu che sei la mia poesia
Nel silenzio mi hai rapito
Dal mio cuor di seta spicchi il volo.

Luminosa, rara, leggiadra farfalla:
Vita mia.

Africa nera

C'è un posto nel mondo che se cerchi te stesso
Ti sa dare la pace abbandonando il resto:
Dai vestiti ai milioni, alle tante ambizioni
E guardandolo in volto non scorgi finzioni.

Sole tutto l'anno in questa terra millenaria
Dove nacque l'uomo vero, quello avvolto da un mistero.
Sarà bianca o forse nera: la sua pelle
Di sicuro son gialle nel cielo le mille stelle.

Cielo e terra qui si son mescolati
Con il coro di tamburi si sono intonati.
Creando suggestioni che fanno a volte paura
A chi mangia per fregare e non per natura.

Calda madre dei boschi, o nostra signora
Dei deserti infiniti tu sei attenta padrona
Delle valli e pianure: selvaggia dimora
Di chi viene a vedere per poi rimanere.

Africa nera, terra della natura
Nostra signora tu sei:
Specchio rovescio di un mondo nascosto
Tra le braccia del vizio disonesto e corrotto.

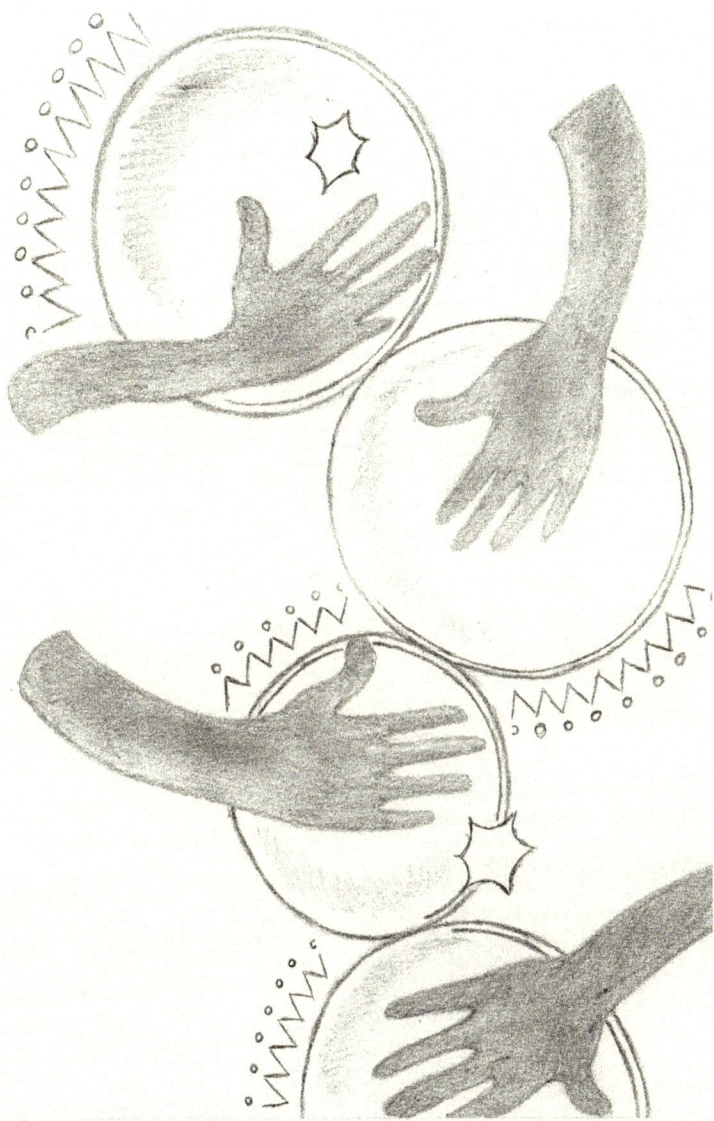

Il primo giorno

Cullato nella mente e nel cuore
Nutrito frutto del desiderio
Scivola veloce e passa.

E mentre il tuo affrontar la vita
Tiene per mano l'avvenire
Improvvisamente quel giorno è maturato.

È il primo e sei frastornato.
La cognizione del tempo è svanita.
Emozioni e perplessità in lotta stanno.

Un cambiamento si è avviato.
Come un treno cui il via è dato
Così, lentamente inizia la tua lunga corsa:
Tra ascese, rettilinei e la discesa
Paesaggi, luoghi e sogni nuovi
Tra grosse trattenute d'arie nei polmoni.

Il ritorno

Stanchi, deboli nel gesto
Colmi nell'anima, appagati
Cullati dal costante andar del treno
Dal muto paesaggio che scivola sul vetro.

Ritorniamo, silenziose creature:
Dal roseo volto un po' velato
Che abbraccio di luce ha saputo plasmare
Senza voltar lo sguardo: fisso sullo scorrer terreno
Dal recinto pensiero di ciò che è stato.

Scorre il tempo, paesi e sensazioni.

Il corpo e la mente abbandonate
Riprendono vigore e ci si avvicina.
Sapori e profumi si svegliano
E un mantello ci cinge le spalle.

Il ritorno a casa or lieto appare.
Dietro v'è il lontano, ma non s'è perduto:
Tra il presente e il passato è soltanto racchiuso.

Sciocco uomo

Guardati: distratto e perplesso
Assonnato viaggiatore dallo sguardo perso.
Sciocco uomo! Urli tra i denti.
I giorni trascorrono lenti tra atroci tormenti.

Mai avresti pensato a ciò che accade
E vorresti non esser tu in quest'arido deserto
Tra illusioni varie di un futuro incerto.
Non ci sono mete vaghe, ma approssimate strade.

In un banco di fumerea nebbia i sensi
Vanno cercando non sai: cosa certa.
Vorresti mollar tutto o quasi e ci ripensi:
A quel fatal giorno che lettera fu aperta.

Stai lottando ormai da tempo con l'oscura figura
Di quell'Io che da dentro mangia… si nutre.
Come se nel tuo ventre, una nuova creatura:
Troncasse le membra, un fruscello la scure.

Sposami

Sei stata tante volte sui gradini di un altare
Sperando di voltarti e vederlo arrivare.

Con aria distinta di un timido cavaliere
Cercarlo... pensavi... chissà dove!

Guardavi lontano, forse distratta...
Ti guardasti accanto... non curante.

Ti guardasti dentro: vedesti lui in un istante...
Ti guardò, stette in silenzio...

Aprì le labbra e disse: "Sposami".

In silenzio

Respiro senza affanno
Umida lacrima su volto di donna.
Occhi di mamma, di figlio
Orecchio teso: il batter del cuore.

Innato tempo!
Cadon d'autunno le foglie sospirando.
Trasportate son dal vento
Dal soffio tenue: si van posando.

Caldo abbraccio: il sole.
Dolce risveglio: la neve.
Inebriante: il profumo di viole.

Si vive
In silenzio tra molti
Uno affianco agli altri: i volti.

Fuoco! Arde una candela.
Deserta chiesa: di spirito sei avvolta.
Bianca cera, goccioli capovolta.

Plana! Plana!
Alato uccello millenario.
La preda ti aspetta:
Fin quando l'ultima, nuda parola
Non si sia spenta.

Scende la sera

Scende la calda e nera sera
All'orizzonte sbiadisce sotto il manto rosso
La bizzarra bufera.

Un gabbiano apre le ali e torna a volare
Per cercar cibo in quel vasto specchio che è il mare.

Io mi avvicino a quell'acqua limpida
Lo scrosciar dell'onde mi culla la mente
Lo sguardo mio poi si perde in quell'azzurro
Tra cielo e mare, dove il buon sole
Ha smesso per un altro giorno di lavorare.

Chiuso ho gli occhi
La mente aperta
Naso e orecchie solamente uso
Per sentire profumi, suoni a noi lontani.
La natura mi abbraccia, non ho paure
In me ora l'anima è tornata pura.

Un uomo: "TUO"

Cielo! Mio cielo! Ti guardo!
Con occhi di chi, donando
Il suo nome, sposo in voto
Perpetuo restò.

Vento! Mio vento! Fatti toccare!
Con mani asciutte, fuggi le paure.
Brivido di un giorno qualunque
Tenero paesaggio di labbra mute.

Sole! Mio sole! Mi riscaldo!
Dal nudo di questa mia natura
Per essere saldo:
Agli occhi, di chi mi accolse allora.

Neve! Mia neve! Casta sorella!
Scesa è l'ora del mio viandar
Con te buona novella.
Gli anni son maturi, ma non per restar.

Uomo! Tuo uomo! Son qua!
Canto la mia prece muta.

Giusto è il domandar in loco
A te, l'arder di si vivo foco
Che in dolce età mi strinse
Calda l'anima mia intrise.

E or che innanzi sto a certezza
Bastarmi da te soltanto un umile carezza.

Rifugio

Nel silenzio del mio letto
Tra bianche lenzuola e ovattate mura
La mente fresca e mattutina vaga.

Cerca rifugio
Un'altra anima pensante
Un cuore libero e pulsante.

Io l'ho trovato, è lì che aspetta:
Che il mio cuore lo raggiunga
Pungente e fresco come la brezza.

Mia è la tua croce

Quando solo è il mio cuore e la nebbia mi circonda.
Quando confuso è l'intelletto e l'apatia mi assale
Tendo la mano, la tua croce appare:
Quella che per noi tu hai dovuto portare.

Di quel tormento un testo ci tramanda.
La tua passione, il tuo amore ci fa vedere:
Per questo popolo smarrito che via va cercando
Per me che in solitudine a te mi sto volgendo.

Pesante è il fardello ed io mi sento solo.
A te vorrei tender la mano, portar la tua croce
Insieme con te camminar sul monte della resurrezione
Così la mia e la tua saranno una cosa sola.

Tu me l'hai data e fino ad ora non l'avevo accettata.
Ma con te nel cuore e una mano sul tuo peso
Spero di alleviare la tua fatica
E salvare dal peccato la mia vita.

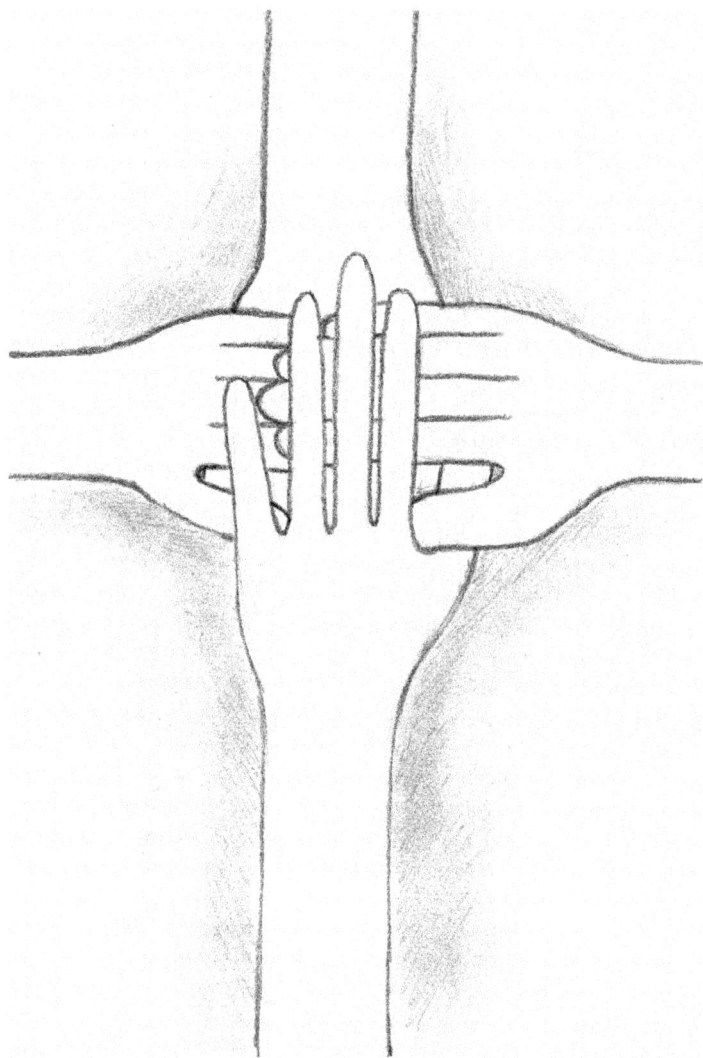

Sognando una canzone "Per TE"

Sogno di una canzone
Dove tutto ormai mi sovviene
Sei tu o donna che tieni lezione
In questo cuor mio che ora rinviene.

Note, parole, ritmo e melodia
Nella mente mia confusamente stanno.

Divengon frastuono, rumore, poi pazzia
Ma al pensiero di te or se ne vanno.

Senti o donna anche tu, ora c'è calma
Tutto a me è intorno, il chiarore ti avvolge.

Le note son chiare, la mente ormai è colma:
Di parole d'amore e il cuor mio risorge.

Odo una melodia con tante parole
Tu sei qui con me a catturar l'emozione.

Un usignolo intona la nostra canzone
Che ormai si va formando sotto il tiepido chiaror del sole.

All'udir quel suono si apron le viole
L'orizzonte svanisce, or non sei illusione.

Nel profondo degli occhi
Una fiamma scintilla: è passione.

E ora amore
Comprendo esser tu la canzone
Che al cuor mio duole.

La mente è intatta e conosce il perché
Di questo doler di cui l'animo è intriso.

Non è malore ma consapevolezza che…
Le labbra mie son divise dal tuo sorriso.

Per andar: là sulla cima

Poso e riposo il passo
Il mio respiro sui tuoi fianchi
I miei silenzi tra i tuoi venti
La mia schiena ricurva a madre terra.

Scandita dal vitale rintoccar del cuore
Si assesta l'andatura.

Tra i viottoli scoscesi a perdifiato
L'occhio attento e minuzioso
Filtra in un istante alla vogliosa mente:
Ogni visione, ogni movimento
Ogni piccolo naturale attimo di tempo.

Una curva, un rettilineo
Tanta e tanta strada
Per andar: là sulla cima.

Non mollo!
Arriva la stanchezza:
Pronta, facile appiglio
Vagabonda cercatrice
Rapace e oscura consigliera.
Lei è lì, dietro la mia ombra
Che aspetta silenziosa.

Ma non è sola!

Dietro ha la tenacia

Protesa con le mani avanti

Perché sostenga l'urto dei mille pensieri

A indirizzar lo sguardo: là sulla cima.

Poi, quando il tagliar del vento

Aumenta e si fa più preciso

Scorgo il faro dei tanti sacrifici:

A tocco di mano

A impronta di piede.

Qualche metro ancora, e ancora, ancora.

Poso e riposo il passo

Il mio respiro sul tuo capo

I miei silenzi tra i tuoi venti

La mia schiena: a padre cielo

Lo sguardo incredulo, fanciullesco

Le braccia aperte senza più confini.

Urlo il mio grazie: là sulla cima.

Poesia inserita nella raccolta "Premio internazionale di letteratura Città della Spezia 2007".

Salve

Sul sentiero ciottoli e sassi
Sparsi qua e là, trascino i passi.
Ginocchia piegate, pelle tesa
Rinsecca il volto, dura appare la ripresa.

Salve! Mi par di sentire!
Forse una voce, una speranza.
Che qualcuno si accorga della mia sofferenza
Che sentiero o via non fa più salire!

Lo sguardo è in salita
Dietro discesa più non c'è!
Una lunga scala, non c'è uscita
Un masso sull'altro, chissà il perché!

Salve! Salve a te!
Ma chi è che chiama? Non sarà mica:
La coscienza dell'uomo che ritieni nemica
E tiene piedi e gambe bloccate!

È lei! Salve chiarezza
Di pensiero e di gesta.

Lo so che mi mostri la salvezza
Col tuo salve l'orgoglio s'arresta.

Carità e perdono stai mettendo sui gradini
Di quella scala che prima non vedevo.
Ero cieco e non capivo
Che con queste virtù si creano giardini.

Fiori noi siamo, sotto quei ciottoli
Che ci siamo creati.
Come un muro ci han lasciati soli
Giù nel peccato ci siam fermati.

Salve! Salve o voce che desta!
Dal letargo la mente si è aperta.
Quando ormai tutto per me era certo
Mi hai fatto fiorire nel deserto.

Misteriosamente da lassù

Conoscevo un uomo muto che parlava con lo sguardo.
Lo conobbi che fissava l'universo a testa in giù.

Che cosa guardi?... Io gli chiesi!
E voltandosi mi fissò.
Rialzò gli occhi in un istante
E con le mani disegnò.
Come avesse per lavagna tutto quanto l'universo
Mi mostrò il suo pensiero e tutto quello che è nascosto.

Misteriosamente da lassù
Alzai gli occhi e non parlai.
Quante stelle… tante stelle
Parlavano ed io mai
Mi ero messo ad ascoltarle
In silenzio a decifrarle.

Misteriosamente da lassù
Ci arrivano pensieri, parole sconosciute
Un vocabolario di emozioni.

Misteriosamente da lassù
Una lingua senza tempo, in continua evoluzione.
Misteriosamente da lassù
L'annuncio di salvezza, in un codice di pace.

Conoscevo un uomo muto che parlava con lo sguardo.
Lo conobbi che fissava l'universo a testa in giù.
Mi prese la mano
Alzò gli occhi e il mio dito accompagnò.
Come avessi per lavagna tutto quanto l'universo
Mostrai il mio pensiero e tutto quello che è nascosto.

Misteriosamente da lassù
Alzai gli occhi e non parlai.
Quante stelle… tante stelle
Parlavano ed io mai
Mi ero messo ad ascoltarle
In silenzio a decifrarle.

Misteriosamente da lassù
Ci arrivano pensieri, un vocabolario di emozioni:
Parole Sconosciute.

Misteriosamente da lassù
Una lingua senza tempo, in continua evoluzione.
Misteriosamente da lassù
L'annuncio di salvezza, in un codice di pace.

Piccola grande Vita

Quando ero piccino e tu mi apparivi:
Bianca, tonda, lo sapevo che mi amavi.
Poi a nove anni ti ho incontrata:
Eri piccola, bianca: ti ho amata!

Ostia e carne viva, sei in tutto il mondo
E a tutti penetri nel profondo
Giù, dove solo tu puoi arrivare
Per ridare vita, gioia di amare.

Ora sono più grande per il mondo
E se non t'incontro rimango sempre un vagabondo.
Non c'è via che non sai trovare
Nei cuori scuri tu sola sai scavare.

Tu, piccola grande vita…
Solo all'apparir sei riuscita:
A riempire vuoti e abissi senza amore
Lasciando a noi, il compito di annullare il grigiore.

Tanto è passato dalla prima volta
Quando dalle mani di un figlio speciale sei stata esposta.
Eri pane azzimo e nulla più di materiale
Ma come forza d'urto sei stata meglio di un temporale.

Oh piccola grande vita!
Vieni a dirci che la passività è finita

Che l'amore è il motore principale
Che una vita infinita, attiva, consequenziale
Ci attende dopo la nostra resurrezione spirituale.

Piccola grande vita!
Ora so che tu dai a me la gloria infinita!

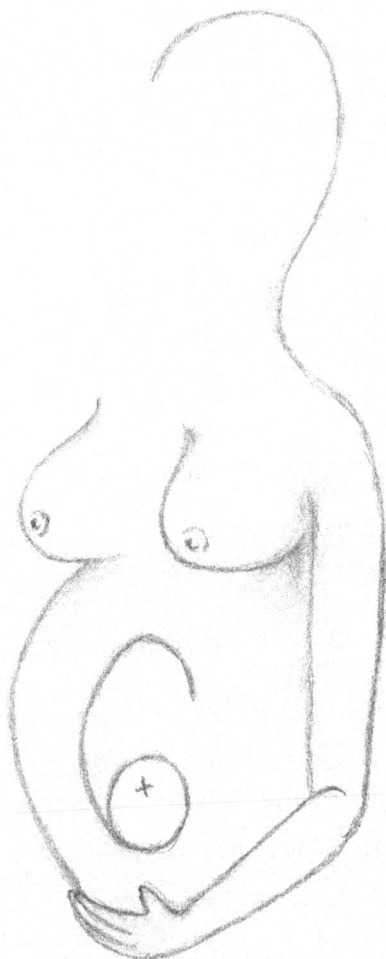

Volti "Le facce del Dado"

Biondo, castano, bianco forse anche nero
Le facce del desiderio.

Cantanti, poeti e barzellettieri
Sì, sul palco con i loro mestieri.

Tu per la strada oppure nei bar
Per i borghi di questa città
Con tutti i colori, le facce, i misteri.

Una compagna ti segue: la fantasia!
Dormir non sa
Non sorprende te stesso, ma chi affianco ti sta.

Un dado a sei facce rotola e rotola sul verde tappeto
Poi un numero appare, un tumulto, si avvera un desiderio.
Una signora grida: ho vinto!
Un'altra intanto nel bagno si sta già impiccando.

E il dado sorride, lui: quello di vetro, plastica o altro ancora
Non sa che dar gioia o rovina a chi gioca e spera.

Ma il dado di cui parlerò, o gente, io ce l'ho sempre in mente
Non rotola, è di carne e non dà dispiaceri
Di sicuro chi lo incontra conoscerà i suoi tanti mestieri.

Nessun desiderio materiale
Ridare la gioia e il sorriso, questo lo può fare:
Con le tante maschere che può indossare.

Di una cosa però sono sicuro
A parlare è lo stesso animo puro.

Sempre una persona all'interno tu vedrai.
È d'oro fiammante il suo gran cuore
Senza fronzoli le sue parole.

Può sembrare burbero a prima vista
Con gli angoli acuti che non puoi toccare.
Lui è così: schietto e sincero!
E ora sta a me svelare il mistero.

Sotto quei volti, da lui ormai esposti
C'è un giovane guerriero: uno d'altri tempi.

Donne e amici le sue passioni
Improvvisare per lui è come per un cantante
Scrivere una canzone.

Sai che c'è, ora mi sto domandando:
"Chi sa in questo momento cosa starà passando!"
In quella mente vulcanica, sì, e assai esplosiva.

Forse è come noi!

Stanchi e avviliti passanti in questo mondo stress.

No, lui è diverso, il mondo se lo porta appresso.

Ed anche a noi, fratelli, che ci possiamo specchiare

In quei volti, oh dado, che tu ci hai fatto apprezzare.

Al fratello Davide Cormaci

La Maglia

Di cento passi fatti
Ricordo che correvo
Quel di che fu di gioia
Un sogno io inseguivo.

Di mille pedalate
Ogni goccia di sudore
Per valli, piani e monti
Ricordo anche il rumore.

Col sole sulla testa
Per conquistar la maglia
Col vento sulla faccia
Che sega, frena, scarna.

E quando sei da solo
Il cuore tuo ti parla
Rintocca quel silenzio
Portandoti al traguardo.
Lungo la strada poi
C'è chi ti spinge avanti
Con urla, applausi, pianti
Poi giù le mani e scatti.

Non servono parole
In quell'istante muto
Tutti trattengono il fiato
Per ciò che han vissuto.

L'Italia è tutta lì
Che passi il suo campione
Con una scritta in terra:
Una maglia… Una Nazione.

Dalle Alpi a Lampedusa
La magia si ripete
Da più di cento anni:
"Tutti a indossarla insieme".

Al "Pirata" Marco Pantani che ha rapito e unito tutti i cuori pedalando pedalando.

Poesia inserita nel 2011 nella raccolta per i 150 anni dell'Unità d'Italia.

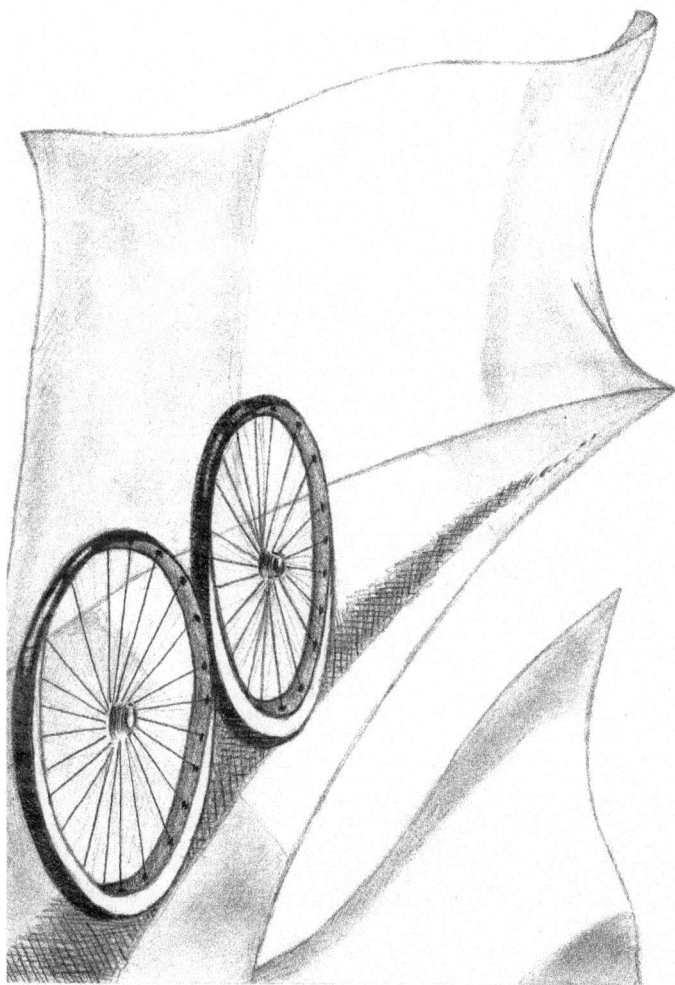

Risorto al dovere

Quando il mio dovere chiama
Rispondo: "Sì, mio Signore!"
Alla patria con onore.

E a chi ci ama da lassù
Chiedo solo protezione…
"Tutti in riga, battaglione!".

Perché in guerra sia la pace
E in terra sia l'amore.
Perché il sogno sia avverato
E il mondo sia salvato.

E per questo do la vita…
Per i tuoi insegnamenti.

Perché il bene vincitore
Getti il male in un burrone.

E se arriverò lassù
Io non voglio una medaglia…
Vorrei solo che chi resta
In mia prece faccia festa:
A chi ha vissuto nel tuo nome
A chi grida… "Sì Signore!".

In questa notte

In questa notte solo rimango ad aspettare
Che da un momento all'altro io ti veda arrivare.

In questa notte muta rimango ad ascoltare
Con una sola nota che mi faccia sognare.

In questa notte solo con la mia fantasia
E un soffio di vento ci ha già portato via.

In questa notte bianca rimasto al marciapiede
Con l'unica bottiglia versatasi sul piede.

In questa notte ubriaca di false passioni
Ti si prostrano accanto e rubano emozioni.

M'illumino d'immenso!... M'illumino di te!

E come disse il poeta
Guardando dalla sua finestra:
Oggi è una bella giornata…
Voglio lodarla com'è!
Il sole è già in festa
Riscalda dall'alto la terra
Gli uccelli cantano in piazza
E tutto profuma di te!

E il contadino fa siesta
Seduto nei campi si desta:
Ha visto una bella giornata…
Vuole lodarla com'è!
Il vento tra i tuoi capelli
Porta gli odori e rinfresca
In centro è arrivata una giostra
E sogno di stare con te!

E l'ammiraglio è in testa
Con la sua nave veleggia:
Vinta da lui la tempesta…
Solleva il cappello per te!
La mano sul tuo grembo
Sfiorando la nuova vita
Si odono squilli di tromba
E' il frutto d'amore che è in te!
M'illumino d'immenso!... M'illumino di te!

Io… M'illumino d'immenso!
Guardando il tuo volto:
M'illumino di te!

Libertà

Libertà
Di esser stato un eroe.
Libertà
Di dar vita ai sogni.
Libertà
Di dar vita a una vita.
Libertà
Di avere una mamma e un papà.

Senza fiato

C'era la vita a toglierci il respiro
Io e te accanto a un fuoco amico.

La landa, il vento, la neve a testimoniare
Tutto il calore che scioglie e riscalda.

La lepre, il cervo, l'aquila, il lupo
Il bosco abitato e il suo canto d'amore.

Persa la ragione in questa fasta visione
Tocco vellutato di farfalle al fiore
Intreccio di mani dal tenue calore.

Di mela che Eva offrì al suo Adamo
Che sciolta al palato scivola giù.

E tutto si sfama nel lento piacere
Che sacra novella... Pare poesia.

D'ogni angolo il corpo è colmo di te.
Un inno io odo e sembra provenga
Dall'alito sordo che empie le membra.

Siamo tutti, tutti, figli tuoi

Da soli siamo persi
La via non ritroviamo
In questo nuovo tempo
Noi sempre ti cerchiamo.

Ma poi la voce arriva
E noi ce ne accorgiamo
Sei tu che stai chiamando
Ti stavamo aspettando.

Ormai non siam più soli
L'unica via tracciamo
In questo nuovo mondo
Noi tutti ci abbracciamo.

E con il nostro evviva
A te noi ci prostriamo
Sei tu la nostra guida
L'amore che ci arriva.

Storia di ieri

<<Racconto una storia di un secolo e più!>>.

Diceva mio nonno sotto i baffi:
Grigi, ben pettinati
Occhi seri, scoppola e volto fiero
Con quel profumo da uomo vero
Di chi non chiede alla vita
Di chi afferra il secondo…
Senza domande…
Agisce… Porco mondo!

<<C'era la guerra intorno, e noi…
Lì sui tetti a imprecar
Un Dio che a noi parea nemico
Tu solo ti eri amico.

Sotto le macerie, le tegole, le bombe
La nostra storia si scriveva
I nostri sogni nascondevamo
E su quei tetti in bilico li tenevamo
Fino allo stremo, alla sopportazione
Pensando al presente: la sola illusione.

Donne! Quante sotto di noi!
Col collo alzato ci vedevan le suole.
E poi la sera dentro un cassone
Una di loro che mi prese a cuore

Indentro la carta pellicolata
Metteva scarti per un boccone.

E fu così che su quei tetti
Con la schiena rotta arrivava il sonno
Sempre lo stesso
Sempre più corto
Che quando chiudi gli occhi al sole
Non sai se vivi, non sai chi muore>>.

E un figlio nasce ma senza un padre
Che a fine guerra sarà lontano
Un altro figlio sarà Adriano
A un'altra donna dirai: ti amo!

In questa storia ogni figlio cresce
Fa la sua strada, diventa un uomo
Che beve birra e ama ballare
Ma un giro di valzer lo fa tremare.
In un volto nuovo vede sé stesso
La storia di ieri del padre morto.
Sarà la vita oppure il fato
A tutti e due è mancato il fiato.

Liberamente tratta da una storia velata di mistero e realtà: la storia di mio nonno, deportato in Germania, mio padre, e di suo fratello figlio della guerra.

Tu regina del mio cuore

Scendi, scendi sulla riva
Vieni e portami a esplorare
Dove porta quel profumo
Che il mio sonno fa dannare.

Apri, apri la finestra
Scendi e cerca di mostrare
Questa luce nella stanza
Che i tuoi occhi fan brillare.

Tu, sei tu, solo tu, il mio pensare.
Tu, sei tu, solo tu, il mio andare.

E se resti qui con me
Io diventerò il tuo re.

Tu regina del mio cuore
Tu che incanti… sei il sole.

Tu regina del mio sole
Tu che incanti… sei cuore.

Riflessioni sane

Lasciamo il salice al vento
Lasciamo la terra alla pioggia
Lasciamo il mare alla tempesta
I nostri pensieri alla bocca.

Mai l'occhio si prostri
Lungo l'orizzonte in cerca
Come aquila predatrice osserva
Che al nido al ritorno sia festa.

Luogo d'incontro: la notte
Quadro d'ipnosità celeste
Eco di suoni lontani
Al nostro animo: pienezza corale.

Porgiamo l'ingegno alla mente
Porgiamo la mano al vicino
Porgiamo il fanciullo che siamo
Nel cosmico tempo: riflessioni sane.

Cucciolo

Nella mente quando osservo…
Tra le gote tue rosate
E il nocciola dei tuoi occhi
La dolcezza mi fa servo
Il respiro mi asseconda…
Le parole bisbigliate…

Come acqua che trabocchi:
Mi travolgi come onda.

Ceneri, briciole e nuvole...

Siamo sguardi verso l'alto,
Sogni nati nel quartiere
Figli di ogni età.

Siamo amici per la pelle
Pellerossa per la gente
Fratelli di umanità.

Volti dipinti dalla storia
Di cui l'uomo non ha memoria.

Siamo amici per la gloria
Uomini e fanti della patria
Fratelli dell'unità.

Siamo sguardi nel futuro
Occhi aperti di un bambino
Speranze senza età.

Santi sfidati di continuo
Da chi sporca il suo destino.

Siamo amici per il gioco
Scommettitori parassiti
Fratelli senza pietà.

Siamo amici per il bello
Precursori della moda
Fratelli di falsità.

Ladri… di morte e di vittorie
Ciarlatani e cantastorie.

Siamo anime, sagome, tegole, ceneri, briciole, nuvole.

E bussiamo alla porta sperando di entrare
Vestite di bianco, truccate di nero
Siamo facce distanti da ogni pensiero.

La notte in cui soffia il maestrale

La notte mi fermo seduto a un balcone
Prendo tempo senza parole.
La notte in cui soffia il maestrale
Ritorno bambino tra giochi e carezze
Riscopro le mie certezze.

Ora apriamo insieme le mani
Alziamoci e corriamo incontro al domani.
Ora amiamoci come se fossimo soli
Regaliamoci mazzi: di stelle nei cieli.

E la vita allor saprà di nuovi sapori
Nella casa poi: vento di odori.

La notte osservo seduto a un balcone
Prendo tempo senza parole.
La notte in cui soffia il maestrale
Ritorno bambino tra le onde del mare
In balìa del temporale.

La notte piango seduto a un balcone
Prendo tempo senza parole.
La notte in cui soffia il maestrale
Ritorno bambino con quella faccetta
Che cade per la fretta.

La notte mi spoglio seduto a un balcone
Prendo tempo senza parole.
La notte in cui soffia il maestrale
Non son più bambino e sfido il destino
Nudo aspetto il mattino.

La banda

Guarda la banda che passa di qua
È arrivata con passo deciso.
Guarda la banda che passa e di là
La sua musica dona un sorriso.
La banda suona e tutti son qua
Che attendono il giorno di festa.
È lei la buona novella
Di piazze festanti di gioia.

Suona la banda, col suo trombone
Tonfa la cassa, esulta il clarino.
Gente che applaude, gente che urla
I piatti tremanti e il flauto divino.
E nel paese col sindaco in testa
Suona la banda, squilla la tromba.

Guarda la banda che passa di qua
Porta con sé una ricchezza.
Guarda la banda che passa di là
Le sue note precedono i volti.

La gente brinda al solo udire
E finalmente inizia la mensa.
È lei l'attesa passione
Di gente ubriaca che mangia.

Suona la banda, col suo trombone
Tonfa la cassa, esulta il clarino.
Gente che applaude, gente che urla
I piatti tremanti e il flauto divino.
E nel paese col sindaco in testa
Suona la banda, squilla la tromba.

Guarda la banda che passa di qua
È arrivata con passo deciso.
Guarda la banda che passa e di là
La sua musica dona un sorriso.

Tenerezze al sole

Sui lettini assolati d'estate
Col fisico in bella vista scolpito
Il latte solare che brilla sul viso.

La mia mano che sfiora il tuo corpo
I tuoi occhi chiusi e i pensieri lontani
La tua folta chioma dorata
Poche gocce di acqua salata.

C'è chi le chiama: tenerezze al sole
Chi le fa col batticuore.
Chi nell'ebbrezza del momento
Fa volare il suo pensiero.

Tenerezze al sole…
Caste follie d'amore.
Tenerezze al sole…
Mani che danno calore.

Nel svegliarmi dal sogno proibito
C'è profumo di agrumi e more
Stan cullando il nostro amore.

Le ali di un gabbiano nel cielo
La brezza estiva che appare infinita.
Il tuo corpo disteso lucente
Un gelato sciolto al limone.

Nell'acqua calda del mattino:
Abbracci e baci infuocati
Costumi e ombrelloni intonati.

Il riflesso di noi tra le onde
La schiuma bianca e gli occhi tuoi blu.
Distesi col viso alla luce
Tra spruzzi e castelli di sabbia.

Tenerezze al sole…
Fantasie d'amore.
Tenerezze al sole…
Semplici sguardi d'autore.

A fior di pelle

A volte capita di essere distanti
Sguardo contro sguardo
Pelle contro pelle.

Schiavi del pregiudizio
Del colore, del costume
Del senso di rancore.

Ma se guardo più a fondo
Vedo me stesso.
Se guardo più a fondo
Vedrò in uno specchio:

Uno come me
Che vive come te
Uno come te
Che vive come me.
Stessa Terra
Stesso cammino
Mano nella mano
Lo stesso destino.

Ci sono incontri fatti d'istanti
Vuoti contro vuoti
Occhi contro occhi.

Schiavi del pregiudizio
Dell'istinto, della rabbia
Della cieca distanza.

E l'anima riflette
La nostra umanità
Di cercare nell'altro
Ciò che non va.
Per stare con i tempi
Della nostra società
Che getta la speranza
A fior di pelle nella falsità.

Da questa poesia nasce la canzone omonima rivista nel testo e musicata grazie alla collaborazione con Enrico Selleri e P. Fabio Baggio.

Sotto la luna

Se rivolgi un istante
Il tuo sguardo nel blu
Tu… Nelle notti stellate
Puoi vederla la su.
Se ci pensi e rifletti
E la vedi brillare
Lei… Nelle notti d'estate
C'è per farti sognare.

Se dormi e sei stanco
Il tuo corpo di più
Tu… Nelle notti abbracciato
Amerai chi vuoi tu.

Se ci pensi e rifletti
E ti lasci cullare
Lei… Nelle notti d'oriente
Tra le creste del mare.

Luna!
Sotto questa luna!
Al primo appuntamento
Incontrerò il suo sguardo…
Grazie luna!
Luna!
Sotto questa luna!

All'ultimo momento
Io resterò d'incanto...
Grazie luna!

Una vita con te

Ci sono notti insonni tra di noi
Giorni senza alba e tramonto
La mia speranza non trema però
È una rondine in cerca di te.

Guardo fuori e non ti vedo più...
In un istante tu sei andata via
E l'unico pensiero che mi stuzzica
È questa viva, pazza idea.

Io voglio essere, io voglio vivere
Io voglio stare qui: una vita con te.
Io voglio essere, io voglio stare qui
Voglio dividere: tutta una vita con te.

Venti che hanno perso respiro
Mari senza bianchi orizzonti

E quando finalmente poi
Ritornerai davanti a me
Tutto si risveglierà
Ed ai tuoi occhi parlerò.

Io voglio essere...
Una vita con te.

Sì

Un sì è una conferma
Un sì è negazione
Un sì è decisione
Un sì è anche rinuncia
Un sì è un impegno eterno.

Un sì è una promessa
Un sì è sofferenza
Un sì è gioia vera
Un sì in comunione
Sì! Prima della benedizione.

Due sì e nasce l'amore
Due sì per tutta la vita
Il sì del figlio al padre
Il sì di una madre al figlio
Il nostro sì al cielo.

Il tuo sì di resurrezione
Tanti sì strozzati in gola
Tanti altri urlati insieme
Un sì alla propria patria
Un sì con le spalle al muro.

Un sì per la vittoria
Un sì per sottostare
Un sì di liberazione
Un sì per esclamare.

Il sì dell'accoglienza
Il sì di chi rispetta
Il sì di chi si pente
L'ultimo sì per il perdono.

In lui

"Inseguendo in me la felicità
L'anima mia si era perduta.
Scoprendo in Lui il dono della carità
La salvezza s'è compiuta".

Io vorrei

Io vorrei… Guardare il mondo
Da una stella senza età.
Io vorrei… Guardare il mondo
In questa notte magica.

Nel silenzio di una culla
In un grembo di santità
Nel respiro di un neonato
Nella gioia della povertà.

Nella certezza che la vita
In lui germoglierà
Quando la sua storia
Unirà l'umanità.

Per essere come te
Per capire che cos'è:
Il mistero… che ci ha donato te.

Io vorrei… Amare il mondo
Con rispetto e umanità.
Io vorrei… toccare il mondo
Con una carezza tenera.

Amicizia

Corda tesa
Sui tornanti del cammino
Al cui appiglio
Ci aggrappiamo sicuri.

Perché è colei che ci sceglie
Colei che non ti abbandona.

Ti ascolta, ti sostiene
Ti corregge, ti abbraccia
Quando ti vede spento.

Tutto riceve ad ugual misura
Per uno sfogo, per un sorriso.

E tu, "Fratello e Amico", la restituisci:
Come la pioggia si dona alla Terra
Affinché sia Linfa ogni stagione.
Germoglio fecondo
Che dia Frutti maturi.

La tua età

Quella vera è nel tuo volto
Chi ti guarda ci si specchia.
Sarà sempre il tuo sorriso
A vincere sul tempo che passa.

Ritmo e calore

La pioggia
La pioggia che batte
Che batte.
Ritmo, ritmo
Il cielo che piange
Che piange.
Piange di gioia
Il sole nasconde
Quand'ecco che appare
Tutto si cheta
Di luce è il suo braccio:
Ti avvolge
Ti scalda.

Speranza

C'è chi ti insegue
Per una vita intera
Facendosi spazio tra la nebbia e l'intelletto:
Sempre più voglioso
Sempre più spento.

Chi ti culla nel suo petto
Allattandoti giorno e notte
Per regalare un sorriso:
All'uomo che incontra
All'uomo smarrito.

Non sei mai sazia
Non hai dimora certa.
Sei di tutti speranza …
"Beltà eterna".

PRIMAVERA

Rinnovato calore
Tanto buon umore
L'arcobaleno negli animi in festa
Un poco di pioggia che desta le membra.
Sguardi all'insù in cerca del bello
Languidi occhi per un sogno avverato.

ESTATE

Tra l'onda del mare
Tra balli serali
Sei giunta tra noi a portare la gioia.
Un po' di riposo tra le braccia del sole
Dolce culla per sogni proibiti.

AUTUNNO

Tappeti di foglie tra rami svelati
Malinconiche notti di amori passati.
Pensieri lontani soffiati dal vento
Giorno per giorno si vive il momento.

INVERNO

Oscura è la notte che vince sul giorno
Brividi istanti su orme ormai stanche.
Il sonno comanda e il tuono rintocca
Il fuoco sorveglia e il letargo ristora.

Aileen

Come passa il tempo!
Guardo l'orizzonte dei miei pensieri
Sospesa su un tappeto luminoso
Le cui fronde lasciano bagliori di piacere…
Sembra ieri!

Eppure sono una Donna:
Con doveri da Regina
E l'animo da bambina.

In questo Universo incantato, fatato, fiabesco
Vivo in un castello
Tra il vostro passato, presente e futuro
Nelle vostre menti, nei pensieri, nei sogni.
Conosco i vostri desideri, i vostri dolori, le vostre gioie.

Di amici ne ho tanti:
Marini, terrestri, celesti…
Ho voi e la vostra compagna FANTASIA:
Nettare con cui si nutre il mio Universo…
Per te invisibile tra ciò che è vero e ciò che è.

Come vederci? Semplice!
Chiudi gli occhi, apri il cuore, ascolta i tuoi sensi…
Il resto te lo mostrerò IO.

Liberamente tratta dal libro La sfida di Aileen. Le cronache del Grande Regno" di Eleanor Lian

Maira

Un sol gesto
Tenero cullare in seno
Fu per uomo tanto sdegno
Gentil messaggio nel petto
Tanto da scuoter sua coscienza
Dopo tanto terrore.

Mai più infelici
Creature di ogni essenza
Vivon l'oggi
Condividendo il domani
Perché ciò che è passato
Non sia futuro
Ma luce fatua
Che mie fatiche seppero domare
Con chi credendo in me
Volle sperare.

E a voi che in seno servate rancore
Lascio mia storia
A testimoniare
Che tutti siam vivi per una sola ragione:
Esser parte ognuno
Del disegno finale.

Liberamente tratta dal libro "Maira" di Eleanor Lian

Favola Lian

Ti guardo!
Da sotto il tavolo della cucina
Fisso nella mente
Ogni frammento dei tuoi gesti.

Nella mia mente ti immagino
Come in una fiaba:
la mia fiaba della buonanotte.

Impressa è l'anima tua
Il tuo vestir, parlar
Giocar con lo sguardo.

Senza pensar
Men d'un battito di ciglia:
Scrivo.

Libro è il pensier
Sul filo della fantasia.

Or che gli anni son trascorsi
Posso raccontar di te
Dei tuoi sogni
Della tua libertà.

Del principe prigioniero
Che ghiaccio ha reso austero
In un mondo non più suo
Che cresce parallelo.

Scriverò di amicizia
Di uguaglianze, diversità
Di invidia peccaminosa
Di rivalsa e di giustizia.

E come ogni fiaba
Che ben va rispettata
Scriverò un finale
Ove la comprensione
Scioglie il ghiaccio più duro
Ove un ricordo
Fa destar la mente
E il cuore torna a battere
Contagiosamente.

Liberamente tratta dal "Il pagliaccio e il castello di ghiaccio" di Eleanor Lian

Scrivimi!

Qualunque cosa accada…
Scrivimi!

Magari una parola
Non importa quale…
Scrivila!

Sarà quello il tuo pensiero di me:
Trascritto e ben inciso.
Sarà poesia alla mia mente
La qual fantasticherà
Quand'occhio l'avran impressa:
Su come è stata partorita
Su come tu l'avrai detta.

Scrivimi!

Nulla è più immutabile
Del semplice gesto su vergine foglio.
Nulla è più vero del tuo visivo pensiero.

Scrivimi!

Non sarò mai solo!

Terra e Luce

Non c'è l'una senza l'altra
Non c'è vita senza nutrimento e calore.
Un bambino non vive senza protezione
Una mamma non vive più senza lui: la sua proiezione.

E Terra aspetta ogni alba la magia…
Un piccolo raggio da est fa capolino
La sfiora con timidezza:
È un caldo risveglio, una carezza.

Piano piano l'oscurità scompare.
L'alba è tra i monti
L'ombra scende fino a scomparire
Fin quando Luce si ritirerà all'imbrunire.

Terra si sente coccolata
Luce è come un tappeto srotolato
Dove si posa: natura si sveglia e tutto rivive.
Sulle onde del mare Luce l'abbaglia: le ride.

Viviamo in pace

Arriviamo oggi da terra e da mare
Donne e uomini di un solo papà.
Un'altra vita è lì che ci aspetta.
La nostra forza ci aiuterà
La nostra storia ci seguirà
Al di là della nebbia ci condurrà.

È la speranza di un mondo migliore
Nuovi migranti uguali a te.
Veniamo in pace come fratelli
Il sogno di vivere in libertà.

Con pochi stracci e tanta umiltà
Giovani figli dell'unità.
Un'altra vita è lì che ci aspetta:
La nostra forza ci aiuterà
La nostra storia ci seguirà
Al di là della nebbia ci condurrà.

È la speranza di un mondo migliore
Nuovi migranti uguali a te.
Veniamo in pace come fratelli
Il sogno di vivere in libertà.

Parliamo lingue di tutta la terra
I tre colori dell'umanità.
Un'altra vita è lì che ci aspetta.

La nostra forza ci aiuterà
La nostra storia ci seguirà
Al di là della nebbia ci condurrà.

È la speranza di un mondo migliore
Nuovi migranti uguali a te.
Veniamo in pace come fratelli
Il sogno di vivere in libertà.

È la speranza di un mondo da fare
Nuove idee tutte in comune.
Viviamo in pace come fratelli
Il sogno allora si realizzerà.

Viviamo in pace come fratelli
Un solo colore ci apparirà.

Viviamo in pace come fratelli
Il sogno allora si realizzerà.

Salva

Lunga è la strada che porta al perdono
Breve la via che porta al piacere.
Le tasche piene di monete sonanti
Le guance piene di chi non ha fame.

Io canto in strada e dono un sorriso
Io chiedo pane, acqua e sapone.
Da tanti occhi mi sento osservato
Da tante bocche son stato sfamato.
Rubando i sogni mi sono arricchito
Ed ora intorno mi puntano il dito.

Lungo la strada c'è buio e peccato
Giovani donne dall'amore salato.
Palazzi pieni di monete sonanti
Le guance piene di chi non ha fame.

Tu parli in piazza e doni speranza
Porti pane, acqua e l'amore.

Salva la mente di un uomo precario
Che ogni giorno si sveglia impiccato.
Salva il mio cuore che dorme sdraiato
Che nel suo letto si sveglia malato.
Salvami o Dio da un mondo impazzito
Salvami o Dio che sono un uomo diviso.

Dai tuoi occhi mi sento guarito
Da poche parole son stato sfamato.
Porgendo la mano mi sono arricchito
Ed ora tutti mi chiamano amico.

Prendimi l'anima

In questa notte solo rimango ad aspettare
Che da un momento all'altro io ti veda arrivare.

In questa notte buia con una sola stella
Che come per incanto diventa la più bella.

In questa notte muta rimango ad ascoltare
Con una sola nota che mi faccia sognare.

In questa notte solo con la mia fantasia
Ed un soffio di vento ci ha già portati via.

In questa notte bianca rimasto al marciapiede
Con l'unica bottiglia versata sul mio piede.

In questa notte ubriaca di false passioni
Ti si inginocchiano accanto e rubano emozioni.

Prendimi l'anima!
Prendi la mia allegria.
Prendi la mia follia.
Prendimi l'anima!
Prendi la mia magia.
Prendimi ed andiamo via!
Prendimi ed andiamo via!

Prendimi l'anima!
Prendi la mia allegria.
Prendi la mia follia.
Prendimi l'anima!
Prendi la mia magia.
Prendimi ed andiamo via!
Prendimi ed andiamo via!

All'inconscio

Spera non mollare
Guarda come fa il mare
Con le sue onde in sequenza
E quando c'è corrente getta la lenza.

Ora lo sguardo attento lascia
Che guardi l'esca zigzagar con i sogni
Finché la mente resti inconscia
E vesta il pensar dei suoi bisogni.

Così io Vivo

Mille e più visioni
Animate e concrete
Plasmasi a verità di occhi:
Come futuro già presente
Del mio intelletto
Ove qualcuno un dì
Cercherà la ragione
A domandarsi il come.

Mani ruvide
Segno del tempo
Trascorso e afferrato
Secondo per secondo.
Ove nulla è casuale
Ove tutto è percezione:
Di ciò che è l'oggi
E sarà domani.

Finito è ciò che vuoi essere
Ed io son Essere infinito.

Come la nube
Che dall'acque al ciel nasce
E dal ciel alla terra piange la vita
Per rinnovar suo ciclo:
"Così io vivo!".
Al grande Leonardo Da Vinci e alla sua mente viva.

L'incontro

Sguardo che ondulata chioma
Racchiuder tra occhi dolci
E dolce sorriso

Donna o dama
Di tempi che furon
Onde eleganza e maestà
La facean da padrona

Perché in tempi antichi
Rivedo i tuoi fasti
Congiunti oggi a moderna virtù
Connubio perfetto tra lealtà e passione.

Alla donna che ha riempito la mia anima… mia moglie… Nicoletta Maria "Mary" Di vincenzo

Acrostico d'amore

Nell'

Istante

Cui

Oltrepassi

L'

Ermetica

Trama

Trasudando

Ardore

Mia

Ancella

Regina

Immutato

Amore

L'uomo che sa riflettere... sa ascoltare il suo cuore.

RINGRAZIAMENTI

Ringrazio mia moglie Mary per essere il mio mondo, il mio supporto continuo in ogni momento della vita insieme.

Ringrazio Lorena Munini per i disegni. È riuscita a dare risalto ad alcuni temi usando la matita come prolungamento delle sue emozioni.

Ringrazio la scrittrice Eleonora Baliani "Eleanonor, Lian" per l'attenta rilettura, l'onore della prefazione e la sua amicizia.

Ringrazio il fratello Davide Cormaci per l'intuizione e l'aiuto nelle poesie:
Che tu sia........., Il "GRANDE" Fra...Te...E..........

Ringrazio Lavinia Munini per i consigli grafici e per il suo sostegno continuo.

Ringrazio mio papà Adriano, mia mamma Gabriella, tutta la mia famiglia e tutti i fratelli e sorelle che ho incontrato lungo il cammino della mia vita.

NOTE SULL'AUTORE

Claudio Oroni, Roma 23/01/1979.

Diplomato in recitazione alla N.U.C.T. (Nuova Università di Cinema e Televisione in Cinecittà in Roma).

Laico scalabriniano (movimento religioso dei padri missionari scalabriniani), attento alle problematiche migratorie socio culturali.

Socio e insegnante di comunicazione scenica presso l'Ass. Culturale Scalamusic.

Appassionato dell'arte a 360°.

"Comunicare con l'immagine, il corpo e la parola richiede ascolto, osservazione, elaborazione e divulgazione...... Riuscirci è una sfida sempre nuova".

SOMMARIO

www.robertocalvoproductions.com
info@robertocalvoproductions.com
@robertocalvoproductions

www.ingramcontent.com/pod-product-compliance
Lightning Source LLC
Chambersburg PA
CBHW031932090426
42811CB00002B/160

* 9 7 8 1 0 6 8 4 4 4 5 1 7 *